WALTER HEINRICH

WEWERKA GALERIE

Walter Heinrich, 1987

Hermann Wiesler.

In Erde – Aus Erde

Bilder von Walter Heinrich.

I.
Materialbilder

Heinrich will nichts Bestimmtes darstellen. „Ich will nur malen."

Ein Blick erfaßt seine Bilder sofort ganz. Denn diese sind gleichmäßig konzentriert, ihr Format ist kein herrisch monumental ausgreifendes. Heinrich malt, verglichen mit seinen Generationsgenossen, kleine Bilder. Seine Hochformate sind gestauchte Rechtecke, die sich oft dem Quadrat nähern. Gibt das den Bildern schon Kompaktheit und Konzentration, steigert sich dieser Eindruck weiter aus der Art des Farbgebrauchs: Es gibt weder hart umrißhaft geführte Lineaturen, noch saftig-deckenden Farbauftrag. Die Bildstruktur ist still ruhig; sie wirkt verhangen, aber nicht verwaschen; sie scheint von weit her zu kommen. Die perspektivlose Tiefendimension ist konkret und unbestimmt zugleich.

Die Bildhaut breitet sich nicht reliefhaft-schrundig aus, besitzt aber eine ihr eigentümliche Rauheit. Die Leinwand ist nicht immer eine durchgehend ungeteilte, Heinrich näht Leinwandstücke aneinander, aufeinander – mal sind die Nähte deutlich sichtbar, mal wird die unterschiedene Stoffmaterialität (Nessel oder Jute, grob oder fein gewebt) bewußt in die Komposition einbezogen. Das Additive der Leinwand hat nichts Fetziges. Das Bildganze läßt eine mehr sachlich additive als fragmentarische Wirkung aufkommen.

Art und Gebrauch der Farbe steigern die rauhe, gestückte Materialität des Bildgrundes. Heinrich gebraucht (meist Caparol-) gebundene Pigmente; zum wenigsten klassische, in jedem Laden käufliche Farben. Er verwendet Ziegelstaub, Dreck, was er beides reibt oder im Atelier zusammenkratzt. Handwerkzeuge sind Lappen, die Hände, Bürsten, Pinsel.

Am ehesten haben Materialität und Farberscheinung der Bilder mit alten trocken-ausblühenden feinkörnigen Sandsteinmauern zu tun. Der Vergleich hinkt wie jeder – die Bilder erscheinen zwar lässig, sind aber so streng komponiert, daß kaum eine Mauer einen vergleichbaren konzentrierten Bildausschnitt hergäbe.

Die Materialität und das Rauh-Griffige geben den Bildern doppelte Künstlichkeit: Die Bildwirklichkeit definiert sich als eine im Arbeitsprozeß erfundene; der Charakter des nüchtern-sachlich Gemachten steigert ihre sanft-spröde Körperlichkeit auf Kosten eines möglichen, von Heinrich nicht gewollten, nur Sensibel-Kostbaren zu einem ausschließlich artistischen Objekt.

II.
Morbidezza.

Aus ihrer distanzierten zurückgenommenen Erscheinung haben die Bilder langen Atem. Sie insistieren auf nichts. Sie trumpfen nicht auf.

Die Farbwerte – braun, umbra, schwarz, weiß, Spuren von blau, gelb, rot – leuchten, aber glühen nicht. Ganz gleichmäßig ist das Bild-Licht verteilt – es bleibt offen, ob es „aus" den Bildern kommt oder ob es von außen in sie fällt. Die Lichtsituation ist weder als natürliche noch als künstliche auszumachen; sie wirkt in steter gleichmäßiger, nicht flackernder Objektivität.

Liniensysteme, geschlossene, deckende Farbhäute fehlen. Darum erreichen die erdigen Strukturen eigenen Wert. Sie wirken gebrannt, ausgeglüht oder auch staubig, trocken. Jenes teilt nichts Vulkanisch-Zyklopisches, dieses nichts Trödelhaftes mit. Das Trocken-Erdige gibt den Bildern verbunden mit der von ihm bewirkten Lichtsituation zeitliche Distanz. Sind sie von heute? Sind sie von gestern? Das bleibt offen zugunsten einer ihnen eigenen Zeitlosigkeit. Diese entrückt nicht, gibt kein Ewigkeitspathos, wohl aber sachliche Objektivität.

Da konkrete, in vorgegebenen Einheiten meßbare Zeit aufgehoben erscheint, jeder Hinweis auf saftiges Blühen, auf regsam kreatürliches Leben fehlt, wächst dem Trocken-Erdigen eine Qualität zu, die dem Betrachter etwas dem Rinnen einer Sanduhr Vergleichbares mitteilt. Die Bilder sind in sich geschlossen, ohne abweisend zu sein, zurückhaltend, ohne daß sie sich in

einen Hauch auflösten — mit einem Wort: Ihre sanft-feste Struktur gibt gelassene Objektivität. Diese zeigt das Wirken von Zeit. Keiner meßbaren, keiner erdgeschichtlich faß- und benennbaren. Die Bilder dokumentieren: Da war etwas; alles was ist, wird einmal gewesen sein. Sie sagen das nicht triumphierend, nennen keine Gründe. Heinrich weiß von keinem Warum und Wohin — wenn, dann unterdrückte er in seinen Bildern sein Wissen. Also keine Todestrunkenheit, kein Verfallensein zum Tode. Heinrich mag barocke, spanische Vanitas-Bilder kennen — seine haben keinen Anspielungsapparat (Uhren, Bücher, Musikinstrumente, erloschene Kerzen, leere Rüstungen usf.), sie sind nüchtern und beiläufig und selbstverständlich; ausschließlich und gelassen nähern sie sich einem Thema, dem Thema Verändern, Vergehen — Tod.

III.
Eingraben — Ausgraben.

Auf den Bildern sind Figuren, Figurenreste erkennbar. Es gibt keine Gesichter. Nur Körperhaltungen. Hocken. Liegen. Kauern. Keine Seelendramen; Psychologie, Männliches/Weibliches, gab es vielleicht, gezeigt werden sie nicht. Staub nun alles. Die Figuren sind mehr Mumien als eingemummt Lebende. Die Bilder entfalten kein Todespathos, zeigen keine Schädel, keine Gebeine. Die Figuren haben allemal mindestens etwas von der des Lazarus als er zu Grabe getragen wurde: Das Körperliche ist (noch) da; was war, was wird — man weiß es nicht. Diese Ambivalenz ist keine unsicher-unentschiedene. Es erscheint gleichviel, ob die Körper ausgegraben wurden oder eingegraben werden. Beides hat seine Ordnung — Archäologie und Friedhof haben „Tod" als feste Bezugsgröße.

Menschenbild II, 1984, Mischtechnik, Kohle/Nessel, 110 x 110 cm

Der erdige Charakter der Bilderscheinung deckt sich mit dem der (möglichen) Bildinhalte. Die Bilder sind weder unbarmherzig noch barmherzig. Weil sie gelassen sind, noch nicht einmal aufbegehren, protestieren, neigen sie dem Einverständnis zu: Alles ist so, wie es ist. Dieses Einverständnis kennt nichts von resignativer Ergebenheit. Es ist gleichmutig, wach, jenseits heroischer Tapferkeit. Es sichert bildhaft eine von Apollinaire mit Wörtern definierte Einsicht:

„Schatten du kriechst an mich heran
Doch du hörst mich nicht mehr
Die göttlichen Gedichte die ich singe du wirst sie nicht kennen
Während ich euch höre ich euch noch sehe
Ihr Schicksale
Vielfacher Schatten dich behüte die Sonne
Dich der mich so liebt daß er mich nie mehr verläßt
Und der du tanzt in der Sonne ohne Staub aufzuwirbeln
Schatten Tinte der Sonne
Schrift meines Lichtes
Kasten der Klagen
Ein Gott der sich demütigt"

Die Bildtiefe ist schwer bestimmbar. Das Auge wird nicht linearperspektivisch geführt. Farbstufungen entwickeln kaum Räumlichkeit. Aus einem Grundton stufen sich die Farben vielschichtig zu mannigfaltigen Tonwerten. In ihrer Summe bauen sie sich zu einer Farb-Wand auf. Diese ist nicht plan, glatt-flach, obgleich der Bildinhalt in gleicher Distanz zum Betrachter gehalten ist. Da die Bilder durchweg horizontlos sind, ein Oben und Unten betonen, Zonen der Spannung und Entspannung, eines Leichten oder Schweren zeigen, liegt es nahe, sie als Bildkommentare zu Erdschnitten zu sehen: Die Bilder geben — jenseits geologischer oder archäologischer Akribie — Erinnerungen an Grabungen. Da die Figur eine Dimension bezeichnet, die in normaler menschlicher Größe zu denken ist, richten sich die Bilder auf Erdschnitte, Erdabbrüche im überschaubaren Oberflächenbereich. Alles ist in Nahsicht gegeben, rauchigwehend, aber stets deutlich, nie verwaschen-diffus.

Da sich Bilderscheinung, das strukturierte Handwerkliche, und Bildinhalte, das gedanklich Zugelassene, decken, ist auch die Bildgröße bestimmt. Zwar will Heinrich seine Bilder alleine tragen können, darum, sagt er, besäßen sie ihre Größe; doch vor dieser „materialistischen" Malermonomanie steht diese konsequente Reihenfolge: Eine farblich definierte Stimmungslage soll Zug um Zug erarbeitet werden; diese gebraucht die Spurensicherung figürlicher Erscheinung; das Ganze wieder muß in die Ordnung eines gewollten, ausgewogenen, mit einem Blick faßbaren Bildes gebracht werden. So ergibt sich die Bildgröße beinahe zwanghaft. Heinrich könnte „größer" malen; doch ähnlich wie es Kammermusik gibt, gibt es „Kammerbilder" — bestimmte Tonwerte und Wahrnehmungsabläufe sind von Raumdispositionen abhängig, werden diese aufgegeben, läuft ein Bild leer...

Bemerkungen zum Aufbau und zur Wirkung einiger Bilder erhärten diese Überlegungen: Die „Torffigur" ist aus eben demselben Material gearbeitet; Luft- und Erd-Raum entsprechen sich; der Luft-Raum hat keine Tiefe oder Weite, allein sein Gewicht „preßt" den Boden; das Bild erreicht Protokollcharakter: So ist das im Bild gezeigte Fundstück geworden...

„Sitzend" — Eine Demonstration, wie gegen/aus Widerstand des Materials, des Bildgrundes, wehende, atmende Bögen erarbeitet werden, wie das Selbstverständliche aus dem Schweren kommt; wenige Kohlestrichgesten gliedern, dann mörtelähnliches seidiges Grau (Steinstaub), dazu Blautupfen (Pigment und Eitempera): Das ganze eine bildhafte Paraphrase des Tilgenden der Erde, die alles versinken läßt.

„Sitzende Figur" — Trockene Farberscheinung, sandig-rauh (Asphaltlack und Sand); geritzte Chiffren; der Bildinhalt ist bis zum Uneindeutigen zurückgenommen; Ergebnis: Unentrinnbare Gegenwart von Müdem...

„Engelsturz" — gekrümmt fährt die Figur in die Erde; Farbabstufungen und flache Räumlichkeit sind identisch; der aufgewandte Apparat (Farbzeichnung, Gesten) und Sinn („Engelsturz" — also eine Art Grablegung) entsprechen sich. Natürlich hat Heinrich sich erst am Ende den Bildnamen einfallen lassen; bei der Arbeit vor der stehenden, liegenden Leinwand, beim Aufstreichen, beim Draufschütten geht es (immer!) um den elementaren Vorgang des Machens, erst dieser entläßt die gedankliche Vorstellung des Wieder-zur-Erde-Werdens einer Figur.

Eindeutig dagegen „Stehende Figur" — Die Figur steht fest auf dem unteren Bildrand; schrundig, eingebrannt; ein Torso; die Arme sind weggeschmolzen; ziegelfahle Flächen neben der Figur fassen diese, geben dem Bild den Charakter verwundeter Ganzheit.

„Figur" — Betont auf gleichberechtigte Nah- wie Distanz — Betrachtung (wie durchweg alle Heinrich-Bilder) gearbeitet; ein kaum als solches sichtbares eingenähtes Keilstück beweist den handwerklichen Reiz, den Heinrich bei seiner Arbeit sucht.

IV.
Reduktion.

Die Bilder teilen keine Lehre mit, erzählen keine Geschichte. Aber sie sind gegenstandsbezogen. Gemalt sind sie, weil Heinrich malen will. Er will Bilder malen, aber nichts verkünden. Nun malt er nicht gedankenlos, zeitenthoben für Gedankenlose. Er weiß, wo sein Ort ist, was die (Mal-)stunde geschlagen hat. Also vereinfacht er seine Methode.

Der Farbwert baut sich prozeßhaft aus Arbeitszügen übereinander auf. Mehrere Malschichten liegen auf einigen Bildabschnitten übereinander. Heinrich arbeitet zügig, aber langsam. Kein eruptives Malen, das die Bilder aus einem Guß, einem Zug baut. Tüfteln, aber keine Tüftelei. Heinrich meidet Handschrift, Gesten, die die Bilder grapholgisch als die seinen ausweisen — er setzt von vornherein auf einen zurückgenommenen Gesamteindruck, dessen unverkennbare Valeurs nur ihn als Autor haben können.

So wie es keine Maler-Gesten gibt, haben auch die Figuren keine — keine freien — Glieder. Sie sind zu Kokons verpuppt. Ob der Kokon in die Grube oder aus der Grube kommt, ob die Figuren zum Leben oder zum Tode bereitet sind, bleibt in der Schwebe. Es gibt keinen Kampf, keinen Mord, kein sichtbares Sterben. Über die Figuren ist verfügt worden. Irgendwann. Von irgendwem. Sie können nicht handeln. Ob sie das konnten/wollten, bleibt offen. Es bleibt aber nicht alles offen. Da zum Menschen genuin Handeln-Wollen, Sprechen-Wollen gehören, diese Figuren das nicht (mehr) können, zeigen die Bilder unaufhebbar diese Differenz. Es geht um Leben, es geht um Tod. Das eine ist nicht ohne das andere. Zumindest das sagen die Bilder. Sind die Bilder unpersönlich, da sie nichts Psychologisch-Spezifisches mitteilen, so sind sie damit nicht entpersönlicht. Die Erkenntnis des unentrinnbar Ineinandergeschlungenseins von Leben und Tod ist Grundlage menschlichen Wissens. Aus/mit Erde gemacht, zeigen die Bilder, wie alles wieder Erde wird. Heinrich liefert weder Lehren noch Geschichten; er verfügt nicht wie die alten Vanitas-Maler über ein ihn und die Betrachter seiner Bilder tragendes gemeinsam bekanntes, abgesichertes Repertoire. Er macht seine Kunst und sichert in ihr unverquast, direkt, beiläufig Wissen von Zeit und Tod.

V.
Distanz.

„Wie ein schwermütiger Späher / Belaure ich Nacht und Tod" schreibt Apollinaire. Das beinhaltet Besessenheit (schwermütiges Belauern) und Fixiertsein auf Unabwendbares (Tod). Heinrichs Bilder sind nicht melodramatisch. Sie sind zurückhaltend, gelassen, halten Distanz. Der Maler Heinrich muß sich Expressivität und Leidenspathos nicht verbieten — er kennt es (auf seinen Bildern) nicht. Diese Enthaltsamkeit ist nicht Kühle. Sie ist gesteigerter und unverdrossener Ernst.

Das Thema „Tod" wendet sich unmittelbar wie kein zweites an Gemüt und Gefühl; es ist einfach und gleichzeitig verquer und belastet (besonders für „aufgeklärte" Europäer 1987).

Gemüt und Gefühl wollen in der Regel sanft bedient werden. Moderne Künstler bedienen jedoch niemanden. Sie machen ihre Sache. Sie tun dies unabgesichert. Sie machen das zumindest einmal in ihrer künstlerischen Entwicklung, wie lange sie das durchhalten, steht dahin… Die Grundlage moderner Kunst ist nicht die Bereitschaft zu ästhetischer Gefälligkeitshandlung. Die Lust, Bilder machen zu wollen, die weitere, Neugier sich auf das entwicklungsgeschichtlich definierte Material moderner Kunst einzulassen, ergibt folgerichtig Gegen-Bilder zu herrschendem oder verbreitetem Bilder-Konsum. Das führt moderne Künstler in Isolierung. Künstler-Werke dort, Publikumserwartungen hier sind getrennt.

Weiß der Himmel, warum Heinrich Bilder malt. Ob er genußvoll Todesgewißheit diagnostiziert, steht dahin: Seine Bilder sind da. Sie sind offen und distanziert. Sie zeigen (heute) verdrängte Gewißheiten. Heinrich enthüllt nichts, vermarktet kein Entsetzen. Der Maler Heinrich ist kein experimentell arbeitender. Er benutzt ganz selbstverständlich und auf seine Weise Erfindungen, die zum Arbeitsmaterial moderner Kunst gehören. Dieses Arbeitsmaterial bringt er mit den Inhalten seiner Erfahrung zusammen.

Die Revolutionen von Cézanne (reine Farbkonzentrationen), Picasso (Aufheben der zentralperspektivisch gesicherten „einfachen" Räumlichkeit), von Schwitters (der Gebrauch ungewohnter Materialzusammenstellungen) sind geschlagen. Doch sind diese Erfindungen keine alten Hüte. Unverbraucht ist aus ihnen nach wie vor etwas zu holen. Das vor drei Generationen schiere Neue ist zwar nach wie vor für viele aus dem Publikum ärgerliche Herausforderung, doch dieses Neue ist für Künstler unserer Tage als belastungsfähige Arbeitsmethode aufgreifbar. Immer noch … Der Gebrauch dieser Methoden ist nicht artistische Trittbrettfahrerei; er beweist, daß und wie moderne Kunst Erkenntnismittel eigener Art ist. Umstürzende neue Erfindungen sind offenbar nicht zu erwarten. Um so wichtiger und überzeugender erscheint es, wenn das Material der Methode der Herstellung moderner Kunst sinnfällig und variationsreich von Künstlern — wie das Heinrich tut — benutzt und damit bewiesen wird. Heinrichs Arbeit demonstriert den Reichtum dieser Methode und offenbart gleichzeitig sein eigenes artistisches Vermögen, sie zeigt, wohin der künstlerische Gebrauch, das künstlerische Spielen mit dieser

Methode führen. Ob er damit an Publikumserwartungen insgesamt rühren kann – das bleibt offen. Moderne Kunst ist ein den Betrachter herausforderndes „Angebot". Sie ist „die einzige Form der Betätigung, in der der Mensch als Mensch sich als wahres Individuum zeigt. Nur in der Kunst ist er imstande, über den tierischen Zustand hinauszugehen, weil die Kunst in Regionen mündet, die nicht durch Raum und Zeit beherrscht werden." (Marcel Duchamp, 1955).

Die Belastbarkeit der Methode moderner Kunst erlaubt dem Maler Heinrich, sich zeichenhaft unbelastet dem Thema Tod zu nähern. Sachlich, mit bildnerischem Ernst, der schöne, aber nicht schönende, für den Betrachter längerfristig anschaubare aber nicht pläsierliche Bilder liefert. Bilder ohne Erlösungs- oder Auferstehungs-Pathos. Es bleiben Fragen. Das in den Bildern gemiedene Pathos kann der Betrachter hinzutun (wenn er will) – das Elemtare wird nicht unterschlagen, aber es wird auch nicht direkt gezeigt.

Ein Naturvorgang, Sterben ist artistisch definiert; als sichere und entschiedene Werte hat der Betrachter allein graue, schwarze, gebleichte, hell-weiße und gelbe wie schwer-dunkle und auch irisierende Farbtöne. Die Bilder sind still. Sie überfallen nicht den vor ihnen Stehenden. „Ohne Rührung sieht er, wie die Erde/ eine andere ward als sie begann,/ nicht mehr Stirb und nicht mehr Werde:/ Formstill sieht ihn die Vollendung an." (Gottfried Benn)

Menschenbild III, 1985, Mischtechnik/Nessel, 160 x 170 cm

Gruppe, 1985, Mischtechnik/Nessel, 170 x 150 cm

Geknicktes Rot, Mischtechnik/Nessel, 130 x 120 cm

Die Welle, 1986, Mischtechnik, Nessel, 160 x 140 cm

Mit Blick auf sich selbst, 1987, Mischtechnik/Nessel, 150 x 120 cm

Große Nähe, 1987, Mischtechnik/Nessel, 130 x 120 cm

Kauernde Torffigur, 1987, Mischtechnik/Nessel, 130 x 120 cm

Im Anfang, 1987, Mischtechnik/Nessel, 140 x 220 cm

Engelsturz–Erdtaucher, 1987, Mischtechnik/Karton, 70 x 50 cm

Kopfüber, 1987, Mischtechnik/Papier, 70 x 50 cm

Geborgen, 1987, Mischtechnik/Karton, 70 x 50 cm

Kommt gut hoch, 1987, Mischtechnik/Karton, 70 x 50 cm

Stehende Figur, 1987, Mischtechnik/Nessel, 200 x 160 cm

Figur, 1987, Mischtechnik/Nessel, 170 x 150 cm

Sitzende Figur, 1987, Mischtechnik/Nessel, 150 x 140 cm

Erdschwimmer, 1986, Mischtechnik/Nessel, 160 x 200 cm

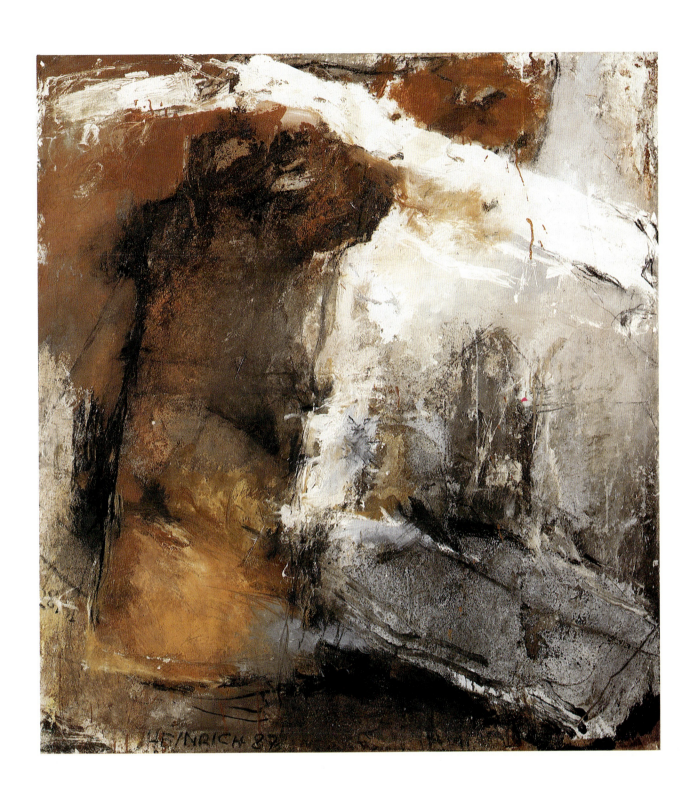

Hockend mit Balken, 1987, Mischtechnik/Nessel, 130 x 120 cm

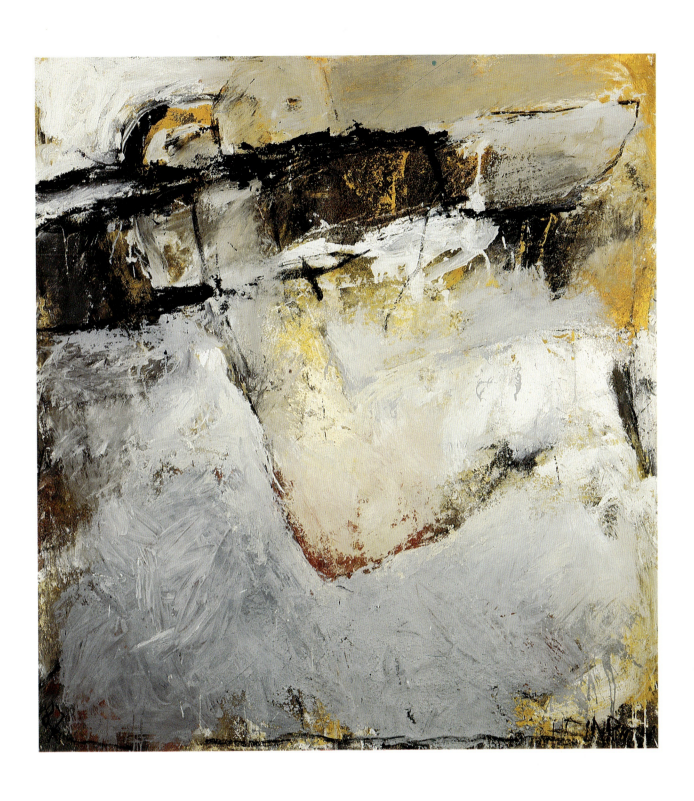

Messerarm, 1987, Mischtechnik/Nessel, 130 x 120 cm

WALTER HEINRICH

1948	geb. in Wiarden Kr. Friesland
1972–1978	Studium an der HdK Berlin, Fachbereich Malerei Prof. Kügler, Abschluß als Meisterschüler
1980	1. Preis bei einem Berliner Wandmalereienwettbewerb
1981–1983	Atelierstipendium der K. Hofer Gesellschaft
1986	2. Preis Wettbewerb Bundesministerium für Justiz

EINZELAUSSTELLUNGEN

1977	Galerie Büsch, Berlin, Paula-Becker-Modersohn-Haus, Bremen
1978	Galerie Büsch, Berlin
1979	Galerie Hochhuth, Hamburg; Galerie Carlos Hulsch, Berlin
1980	Galerie Mayer + Hippmann, Berlin; Galerie Fundus, Berlin
1981	Galerie Carlos Hulsch, Berlin
1984	Villa Ichon, Bremen
1985	Wewerka Galerie Berlin
1986	Galerie im Hofmeierhaus, Bremen
	Karl Hofer Gesellschaft in der Grundkreditbank, Berlin
1987	Jipian Art Gallery, Knokke
1987	Wewerka Galerie Berlin

AUSSTELLUNGSBETEILIGUNGEN

1977	Kunstverein Schering, Berlin; Galerie Büsch, Berlin
1979–1985	Freie Berliner Kunstausstellung
1980	Berliner Künstler im Grafen Rheinfeld
1982	Große Münchner Kunstausstellung
1983	Haus am Lützowplatz (K. Hofer Stipendiat)
1984	Kunstverein Göttingen, 8 Berliner Künstler
1985	30 Jahre Karl-Hofer-Gesellschaft
1986	BASF-Ludwigshafen „Junge Künstler"
	Galerie Atelier Hilbur, Karlsruhe; Wewerka Galerie Hannover
1987	Galerie de la Cité, Luxemburg

MESSEBETEILIGUNGEN

Seit 1985	mit der Wewerka Galerie Berlin: ART Basel; Art Cologne, Köln; FIAC, Paris ARCO, Madrid; Art Jonction, Nizza